AF205966

Dieses Buch gehört:

Inhalt

Herstellung und Verlag:
© 2017
Herstellung und Verlag: BoD – Books on Demand, Norderstedt.
ISBN: 9783746046457

Vorwort

Eines der Anliegen dieser Buchreihe ist es, dir die Vielfalt der Lebensmittel und daraus entstehenden Speisen zu zeigen. Kochen ist ein ganz besonders kreatives Hobby.

Achte auf dein Herz, schmecke die Vielfalt der Rezepte. Mit der Zeit erkennst du, es gibt mehr, als „nur" Schnitzel und Pommes.

Wir alle haben Vorlieben. Doch diese ändern sich mit der Zeit. Einerseits werden wir älter, andererseits entdecken wir Rezepte, die uns schmecken und die wir mögen.

Dies ist die „Aufgabe" dieser Buchreihe – dir zu helfen deinen eigenen, ganz persönlichen Weg und Geschmack zu finden.

Wie immer gilt auch hier: Teste aus und wandle nach DEINEM Geschmack ab.

Mahlzeit!

Hilfreiche Küchengeräte

Besonders Kochanfänger, aber auch erfahrene Köche, greifen gern auf hilfreiche Geräte zurück.

Diese kleinen Helferlein erleichtern dir den Alltag in der Küche! Sie sind platzsparend und vielseitig einsetzbar.

Wasserkocher

Binnen kürzester Zeit erhitzen sie Wasser. Für viele sind sie aus dem Haushalt nicht mehr wegzudenken.

➢ Gib nur die Menge Wasser hinein, die du brauchst. Bleibt Wasser drin, dann leer es aus. Damit verhinderst du Kalbablagerungen und schonst den Geldbeutel! Wichtig ist auch regelmässiges Entkalken. Wenn du noch zu jung dafür bist, frag deine Eltern, wie das geht.

➢ Koch nur Wasser im Wasserkocher, keine anderen Flüssigkeiten!

➢ Brauchst du ihn nicht mehr, dann schalte ihn aus! Manche schalten sich von selber aus.

➢ Sei vorsichtig mit den Kabeln. Manche Modelle sind sehr empfindlich und können leicht beschädigt werden.

Bambusdämpfer

Magst du asiatische Küche, dann ist der Bambusdämpfer für dich perfekt geeignet. Damit kannst du Speisen nach asiatischer Tradition verwenden und schonend zubereiten.

> - Nimm den Deckel ab. Leg den untersten Boden mit einem dünnen Tuch aus.
> - Füll rohen Reis in den Dämpfer und gib den Deckel wieder drauf.
> - Gib in die oberen Stöcke Fisch oder Gemüse. So können sie mitdämpfen.
> - Stell den Korb in einen Topf (oder einen Wok) mit etwa 1 cm Wasser. Achte darauf, dass der Dämpfer im Wasser steht. Der unterste Schuber darf dabei nicht nass werden!
> - Bring das Wasser zum Kochen.
> - Aufsteigender Wasserdampf gart Reis und Lebensmittel sehr schonend.

Weiche den Reis vorher mehrere Stunden in Wasser ein. Dann brauchst du ungefähr 30 Minuten, bis er durch ist.

Achte darauf, dass der Dämpfer nicht anbrennt! Verdampft das Wasser, dann gieß frisches nach. Reinige ihn anschließend mit einem weichen Schwamm und warmem Wasser. Lass ihn an der Luft trocknen.

Pürierstab

Selbst in der kleinsten Küche ist Platz für den Pürierstab. Manche nennen ihn auch „Zauberstab". Meist ist das Essen binnen weniger Sekunden gut durchpüriert!

Wenn du ihn verwendest, sei vorsichtig! Die Messer sind scharf! Zieh vor dem Reinigen IMMER den Stecker aus der Steckdose und schalte ihn ab.

➢ Verwende einen schweren und stabilen Behälter.
➢ Reinige den Pürierstab möglichst rasch. Spüle ihn ab oder tauch die Messer in einen Behälter mit Wasser. Hast du Bedenken wegen der scharfen Messer, dann frag jemand Älteren um Hilfe!
➢ Püriere lieber große Mengen als kleine! Die Strömung des Pürierstabes zieht die Bröckchen zu den Messern!
➢ Halte die Finger aus der Masse raus, solange der Pürierstab in der Nähe ist!
➢ Beweg den Pürierstab regelmäßig hoch und runter. Nutze kreisende Rührbewegungen. Achte darauf, den Behälter gut festzuhalten!
➢ Halte die Messer unter der Oberfläche. Sonst kann es sein, dass die Masse nach draußen spritzt!

Reiskocher

Ein Reiskocher nimmt dir viel Arbeit ab und hält den Reis auch später noch warm.

Bei einem neuen Reiskocher bekommst du normalerweise einen Becher mitgeliefert. Er fasst meistens 180 ml!

- ➢ Füll den Messbecher mit Reis und gib ihn in die herausnehmbare Schüssel.
- ➢ Gib Wasser dazu. Meist reichen dazu 250 ml aus.
- ➢ Willst du mehr Geschmack, dann füg noch Lorbeerblätter, Kardamomkapseln oder Kräuter dazu.
- ➢ Drück die Reiskörner unter das Wasser und von den Seiten weg. Verwende einen Holz- oder Plastiklöffel dazu.
- ➢ Leg den Deckel des Reiskochers drauf und schalte ihn ein. Verwende anfangs nur die Grund-einstellungen, bis du gut mit ihm umgehen kannst.
- ➢ Ist der Reis fertig, dann klickt der Reiskocher. Lass den Deckel noch einige Minuten drauf. Darin vorhandener Dampf ist sehr heiß und kann dich verbrühen!
- ➢ Nach weiteren 10 – 15 Minuten ist der Reis fertig.

[11]

Speisen und Getränke

Erdnuss-Suppe

Für 2 Personen

Ein leckerer Gruß der typischen Südstaatenküche Amerikas!

So lange wirst du brauchen:

ungefähr 25 Minuten

[13]

Das brauche ich:

- [ ] 1 kleine Zwiebel
- [ ] 1 Stange Sellerie (200 g)
- [ ] 4 Esslöffel cremige Erdnussbutter
- [ ] 2 Esslöffel Butter
- [ ] 2 Esslöffel Mehl
- [ ] 200 ml Milch
- [ ] 200 ml Brühe
- [ ] Salz und Pfeffer nach Wunsch

- [ ] 1 Kochtopf mit Deckel
- [ ] 1 Messer mit Schneidbrett
- [ ] 1 Kochlöffel

So bereite ich zu:

1. Schäle die Zwiebel und schneide sie klein.
2. Wasch die Selleriestange und schneide sie in Stücke.
3. Gib die Butter in den Kochtopf. Erhitze sie auf kleiner Flamme, bis sie flüssig wird.
4. Rühre die Erdnussbutter ein, bis diese ebenfalls flüssig wird.
5. Misch Zwiebel- und Selleriestücke dazu.
6. Leg den Deckel auf den Topf und dünste diese Mischung 5 Minuten lang auf kleiner Flamme.

[14]

7. Streu das Mehl über die Masse. Gieße vorsichtig die Brühe und die Milch dazu.
8. Schmecke mit Salz und Pfeffer ab.

Kleiner Tipp:

Magst du es knackiger, dann dürfen die Selleriestücke auch etwas größer ausfallen.

Möchtest du experimentieren?

Verfeinere die Suppe mit 2 Esslöffeln Sahne. Ersetze die cremige Erdnussbutter durch die „Crunchy" Version!

Wusstest du schon?

Der eigentliche Ursprung der Erdnusssuppe liegt in Westafrika. Von dort verschleppte Sklaven brachten einst dieses Rezept nach Amerika. Jetzt ist die Erdnusssuppe ein fixer Bestandteil der amerikanischen Südstaatenküche.

Diese ist beeinflusst von verschiedenen kulturellen Einflüssen. Geschmacklich ist sie sehr intensiv, manchmal auch scharf und pikant. Viele Gerichte haben afroamerikanischen Ursprung und sind einfach, kalorienhaltig und nahrhaft. Meist gibt es Eistee oder Cola als Getränk zu den herzhaften Speisen.

[15]

Gladiatorensuppe

Für 2-3 Personen

So aßen die alten Römer ihre Suppen – süßlich/pikant.

So lange wirst du brauchen:

ungefähr 20 Minuten

[16]

Das brauche ich:

- 1 große Dose weiße Bohnen
- 1 kleine Dose schwarze Oliven
- 2 Zwiebeln
- Olivenöl
- 1 Esslöffel Honig
- 1 Teelöffel Thymian
- 1 Teelöffel Pfeffer
- 1 Teelöffel Oregano
- 1 Teelöffel Meersalz
- 3 Tassen Wasser

- 1 Kochtopf
- 1 Mörser mit Stößel
- 1 Messer und 1 Küchenbrett

So bereite ich zu:

1. Schäle und schneide als erstes die Zwiebeln klein.
2. Brate sie in viel Olivenöl an, bis sie braun werden.
3. Gib die Oliven und die Bohnen dazu und füll mit Wasser auf.
4. Zerstampfe in einem Mörser Pfeffer, Meersalz, Thymian und Oregano.
5. Streue die zerstossenen Kräuter in die Suppe, sobald sie kocht.

[17]

6. Träufle abschließend den Honig dazu und lass
   alles 15 Minuten lang kochen.

Kleiner Tipp:

Serviere zu dieser Suppe Weißbrot oder Knoblauchbrot.

Möchtest du experimentieren?

Koche verschiedene, andere Hülsenfrüchte mit. Gut
eignen sich verschiedene Bohnensorten dazu!

Wusstest du schon?

Die alten Cäsaren agierten nach dem Motto: „panis et
circenses" – „Brot und Spiele" Damals stellte der Senat
den Bürgern oftmals extrem billiges Getreide zur
Verfügung. Zur Belustigung gab es Gladiatorenspiele bei
freiem Eintritt.

Durch extrem günstige Ernährung und Unterhaltung
sollte die arme Masse bei Laune gehalten werden.
Gladiatoren waren die „Superstars" der Arena im Alten
Rom. Ihre Ernährung ist der heutigen Profisportler-
Ernährung ähnlich.

Obwohl sie sich großteils vegetarisch ernährten,
verfügten sie über eine dicke Fettschicht, die zusätzlich
ihre inneren Organe schützen sollte.

Weiße Bohnensuppe

Für 2 Personen

Cremige Bohnensuppe nach Art der amerikanischen Siedler.

So lange wirst du brauchen:

ungefähr 25 Minuten

[19]

Das brauche ich:

- [ ] 150 g weiße Bohnen
- [ ] 500 ml Wasser
- [ ] Je 1 Prise Salz und Pfeffer
- [ ] 1 große Zwiebel
- [ ] 100 g Sellerieknolle
- [ ] 70 g Butter
- [ ] 15 g Mehl
- [ ] 250 ml Milch
- [ ] 100 g Dosentomaten
- [ ] 50 g Käse nach eigenem Geschmack

- [ ] 1 Messer und 1 Küchenbrett
- [ ] 1 Pfanne
- [ ] 1 Kochlöffel
- [ ] 1 Pürierstab

So bereite ich zu:

1. Schäle zuerst die Zwiebel und die Sellerie.
2. Schneide beides in kleine Stücke.
3. Erhitze die Butter in der Pfanne und dünste Zwiebel und Sellerie darin an.
4. Rühre Milch und Mehl ein.
5. Erhitze diese Mischung. Schlägt sie leichte Blasen, gib vorsichtig die restlichen Zutaten dazu.
6. Koche die Mischung 5 Minuten lang.

[20]

7. Zieh den Topf vom Herd. Lass den Inhalt leicht abkühlen.
8. Püriere vorsichtig mit dem Pürierstab die gesamte Masse.
9. Schmecke mit Salz und Pfeffer ab.

Kleiner Tipp:

Serviere die Suppe mit einem Klacks Sauerrahm und etwas Schnittlauch!

Möchtest du experimentieren?

Ersetze weiße Bohnen durch andere Bohnensorten oder mische zusätzliche Hülsenfrüchte in die Suppe.

Wusstest du schon?

Bereits in der Steinzeit gab es breiartige Speisen, den heutigen Suppen durchaus ähnlich. Früher wurden sie mit den Händen gegessen, später mit Brot „gelöffelt". Manchmal nutzten die Menschen Muschelschalen als Löffel.

Viele Asiaten fischen mit Stäbchen feste Bestandteile aus der Suppe und trinken sie anschließend.

Überbackenes Brot

Für 2 Personen

Die etwas andere Art von Toast – Schwarzbrot mit Auflagen.

So lange wirst du brauchen:

ungefähr 15 Minuten

[22]

Das brauche ich:

☐ 3 lange oder 6 kürzere Scheiben Brot
☐ 1 Packung Mozzarella
☐ 2 Tomaten
☐ 1 kleine Stange Lauch
☐ Knoblauchpulver und Oregano nach Wunsch

☐ 1 Backblech
☐ Backpapier nach Bedarf
☐ 1 Messer und 1 Küchenbrett
☐ 2 Topfhandschuhe

So bereite ich zu:

1. Heize den Ofen auf die niedrigste Stufe vor.
2. Bedecke das Backblech mit ausreichend Backpapier. Leg die Brotscheiben auf das Backpapier.
3. Schneide den Lauch in dünne Streifen.
4. Wasche die Tomaten und schneide sie in Scheiben.
5. Verteile Lauch und Tomaten nach Wunsch auf den Brotscheiben.
6. Zerdrücke den Mozzarella und bedecke die Tomatenscheiben.
7. Streue Oregano und Knoblauchpulver über den Mozzarella.

[23]

8. Gib das Backblech in das Backrohr.
9. Sobald der Käse leicht geschmolzen ist, schalte den Ofen aus, lass die Brote aber noch für 5 Minuten im Backrohr.
10. Hole anschließend das Backblech mit den Topfhandschuhen aus dem Ofen.

Kleiner Tipp:

Schneide die fertigen Brote in fingerdicke Scheiben und biete Servietten dazu an. Dieses „Fingerfood" eignet sich hervorragend für eine Party!

Möchtest du experimentieren?

Für diese Brote brauchst du Brot, Käse und was dein Kühlschrank hergibt. Selbst Reste vom Vortag kannst du so elegant und einfach verarbeiten! Achte nur darauf, dass die oberste Schicht Käse ist!

Wusstest du schon?

Lass einmal das Besteck weg!

„Fingerfood" heißt „mit den Fingern essen". Darunter fallen kleine Snacks und meist Häppchen von einem Buffet. Meist reicht eine Serviette als „Unterlage" aus. Besonders gut eignet sich Fingerfood für Kinderfeste.

Fliegenpilze

Für 2 Personen

Ein Hingucker und Blickfang für jedes Fest!

So lange wirst du brauchen:

ungefähr 15 Minuten

[25]

Das brauche ich:

- [ ] 8 Eier
- [ ] 4 Tomaten
- [ ] 2 Esslöffel Senf
- [ ] 1 Esslöffel Ketchup
- [ ] Mayonnaise nach Wunsch
- [ ] Salz und Pfeffer zum Abschmecken
- [ ] Schnittlauch nach Bedarf
- [ ] Wasser nach Bedarf

- [ ] 1 Kochtopf
- [ ] 1 Messer und 1 Schneidbrett
- [ ] 1 kleiner Löffel
- [ ] 1 kleine Schüssel
- [ ] 1 Tablett oder Teller

So bereite ich zu:

1. Koche die Eier in Wasser. Schrecke sie kalt ab und schäle sie. Vorsicht, heiß!
2. Halbiere die Tomaten und höhle sie aus.
3. Schneide die Eierböden ab und löse die Dotter vorsichtig heraus.
4. Gib sie in eine kleine Schüssel. Mische sie mit Ketchup und Senf gut durch. Schmecke mit Salz und Pfeffer ab.

5. Fülle die Masse vorsichtig mit dem Löffel zurück in die Eier.
6. Rolle die Eier in geschnittenem Schnittlauch und stell sie auf ein kleines Tablett oder Teller.
7. Setze die Tomatenhälften auf die Eier und verziere sie mit kleinen Mayonnaisetupfern.

Kleiner Tipp:

Gib einen Teelöffel Essig in das Kochwasser. Dadurch läuft bei angeknacksten Eiern das Eiklar nicht so stark aus.

Möchtest du experimentieren?

Gib verschiedene Kräuter zur Dotter-Senf-Ketchup-Mischung. Magst du es pikanter, dann rühr noch Curry oder Grillgewürz dazu.

Wusstest du schon?

Echte Fliegenpilze sind auffällig und schön – aber giftig! Früher gaben Bauern diesen Pilz in gezuckerte Milch um Fliegen zu töten. Dazu mussten sie viele Stücke nehmen. Funktioniert hat es übrigens nicht immer!

Fliegenpilze gelten als Glücksbringer. Findest du im Wald diese Pilze, dann lass sie stehen, mach einfach ein hübsches Foto zur Erinnerung.

[27]

Congris - Kubanischer Bohnenreis

Für 3 Personen

Kubanisches Nationalgericht leicht abgewandelt und an den europäischen Gaumen angepasst.

So lange wirst du brauchen:

ungefähr 25 Minuten

[28]

Das brauche ich:

- [ ] 250 g Langkornreis
- [ ] 1 Zwiebel
- [ ] 1 Paprika
- [ ] 250 g Tomaten
- [ ] 2 Knoblauchzehen
- [ ] 20 g Schmalz
- [ ] 1 Dose Kidneybohnen
- [ ] Salz, Pfeffer und Kreuzkümmel nach Bedarf.
- [ ] Wasser nach Bedarf

- [ ] 1 Messer und 1 Schneidbrett
- [ ] 1 Kochtopf mit Deckel
- [ ] 1 Knoblauchpresse

So bereite ich zu:

1. Schäle die Zwiebel.
2. Wasche die Paprika und die Tomaten.
3. Schneide Paprika und Tomaten durch und entferne das Kerngehäuse.
4. Würfle Zwiebel, Paprika und Tomaten klein.
5. Schäle den Knoblauch und presse ihn durch eine Knoblauchpresse.
6. Erhitze das Schmalz im Kochtopf. Brate die Zwiebelwürfel darin an.

7. Sobald sie goldgelb werden, füge Paprika, Tomaten und gepressten Knoblauch dazu.
8. Gib Reis und Kidneybohnen dazu. Füll ausreichend Wasser in den Topf, dass der Inhalt leicht bedeckt ist.
9. Würze mit Salz, Pfeffer und Kreuzkümmel.
10. Lass die Mischung aufkochen. Dreh die Hitze auf niedrige Stufe und lass alles 25 Minuten köcheln.
11. Sobald der Reis durch ist, kannst du den Congris servieren.

Kleiner Tipp:

Biete grünen Salat und ein Glas Milch als Beilage an.

Möchtest du experimentieren?

Brate Speckwürfel dazu an und koche sie mit. Congris passt hervorragend zu Rind- oder Schweinefleisch!

Wusstest du schon?

Auf Kuba ist es aus der alltäglichen Küche nicht wegzudenken. Besonders beliebt bei Kindern, wird Congris gern serviert. Zudem ist es preiswert und daher für den schmalen Geldbeutel sehr gut geeignet.

Wer in Kuba Urlaub macht, schwärmt noch lange von diesem einfachen, schönen Land.

Hirtenspieße

Für 2 Personen

Beliebt und rasch zubereitet sind Hirtenspieße ein wunderbares und variables Essen.

So lange wirst du brauchen:

ungefähr 20 Minuten

[31]

Das brauche ich:

- [ ] 1 große, rote Paprika
- [ ] 1 große oder zwei kleine Zwiebel
- [ ] 200 – 400 g Fleisch nach Wahl
- [ ] 2 Paar Würstel nach Wahl
- [ ] 3 Esslöffel Öl
- [ ] Grillgewürz und Knoblauchpulver nach Bedarf

- [ ] 1 Pfanne
- [ ] 1 Grillzange
- [ ] 1 Messer und 1 Schneidbrett
- [ ] 1 Becher und 1 Pinsel
- [ ] 6 Holzspieße

So bereite ich zu:

1. Wasche die Paprika.
2. Schäle die Zwiebel.
3. Schneide Paprika, Zwiebel, Fleisch und Würstel in grobe Stücke.
4. Verteile die Stücke gleichmäßig auf die Holzspieße.
5. Vermenge in einem Becher Öl, Grillgewürz und Knoblauchpulver.
6. Bestreiche die fertigen Spieße mit der Öl/Gewürzmischung. Verwende dazu den Pinsel.

7. Gib die Spieße in die Pfanne. Brate sie auf allen Seiten gut an und verwende zum Drehen die Grillzange.
8. Sobald alle Seiten fertig angebraten sind, leg die Spieße auf die Teller.

Kleiner Tipp:

Als Beilage passen verschiedene Grillgemüse, Reis oder Pommes. Probier verschiedene Soßen aus!

Möchtest du experimentieren?

Steck auf die Spieße was dir schmeckt. Dafür kannst du verschiedene Fleisch- und Würstelsorten ebenso nehmen wie Gemüse.

Wusstest du schon?

Nationale „Spießvarianten" sind unter anderem:

- Spanien: Pincho moruno (spanisch für „Maurenspieß")
- Indonesien: Satay
- Griechenland: Souvláki - auf Holzspieße gesteckt und über Holzkohlenglut gegrillt
- Japan: Yakitori: gegrillter Fisch-, Fleisch- sowie Gemüse-Spießchen

Würstel auf Rahmfisolen

Für 2 Personen

Einfache und deftige Kost wie zu Großmutters Zeiten.

So lange wirst du brauchen:

ungefähr 15 Minuten

[34]

Das brauche ich:

- 2 Becher Sauerrahm (jeweils 250 ml)
- 1 Dose Fisolen (800 g)
- 1 große oder 2 kleine Zwiebel
- Salz, Pfeffer und Knoblauchpulver nach Wunsch
- 2 Paar Würstel
- 2 Esslöffel Öl
- Wasser nach Bedarf

- 1 Messer und 1 Schneidbrett
- 2 Kochtöpfe
- 1 Kochlöffel
- 1 Grillzange oder 2 Gabeln

So bereite ich zu:

1. Schäle und schneide die Zwiebel in kleine Würfel.
2. Erhitze etwas Öl im Kochtopf und gib die Zwiebelwürfel dazu. Brate sie goldgelb an.
3. Öffne die Dose mit Fisolen. Gieße das Dosenwasser ab und gib die Fisolen zu den Zwiebeln. Lass sie 5 Minuten dünsten. Rühr mit dem Kochlöffel öfters um.
4. Erhitze im zweiten Kochtopf das Wasser. Koche darin die Würsteln, bis sie durch sind. Dafür eignen sich besonders Frankfurter.

[35]

5. Hol die Würstel mit der Grillzange oder den Gabeln aus dem Wasser und leg sie auf die Teller.
6. Nimm den Topf mit Fisolen vom Herd. Rühre den Sauerrahm unter und schmecke mit Salz, Pfeffer und Knoblauchpulver ab. Teile ihn auf die Teller auf.

Kleiner Tipp:

Als Beilage passen frisches Schwarzbrot, Salat oder Salzkartoffel.

Möchtest du experimentieren?

Koche Speckwürfel mit den Fisolen mit und biete Bohnensalat als Beilage an. Bestreue die Rahmfisolen mit fein geschnittener Dille.

Wusstest du schon?

Bereits Azteken und Mayas bauten Gartenbohnen (Fisolen) an. Um das 16. Jahrhundert brachten Seefahrer sie nach Europa.

Neben alten, europäischen Sorten fanden sie rasch ihren Platz in den Rezepten und Speisen Europas dank ihres Nährwertes und ihrer Vielfalt.

Pilzpfanne

Für 2 Personen

Herzhaftes Pilzgericht perfekt geeignet für die bunte Herbstzeit.

So lange wirst du brauchen:

ungefähr 25 Minuten

Das brauche ich:

- 1 große Zucchini
- 250 g Hühnerfilet
- 1 Becher Champignon (400 g)
- 1 rote Paprika
- 1 große oder 2 kleine Zwiebel
- Grillgewürz, Knoblauchpulver und Öl nach Bedarf

- 1 Messer und 1 Schneidbrett
- 1 Pfanne mit Deckel
- 1 Kochlöffel

So bereite ich zu:

1. Wasche Zucchini, Champignon und Paprika.
2. Schäle die Zwiebel. Schneide Zucchini und Paprika in Scheiben, die Paprika in grobe Stücke und würfle die Zwiebel.
3. Halte das Hühnerfleisch kurz unter fließendes Wasser und schneide es dann in Streifen.
4. Würze das Fleisch mit Grillgewürz und Knoblauchpulver. Achte darauf, dass es gut mit den Gewürzen eingerieben ist.
5. Erhitze in einer Pfanne einen guten Schuss Öl und brate die Zwiebelwürfel darin an, bis sie goldgelb sind. Die Zwiebel dürfen ruhig im Öl schwimmen.

6. Gib das Gemüse dazu. Leg den Deckel drauf und lass den Pfanneninhalt 5 Minuten dünsten.
7. Misch die Hühnerstreifen unter das Gemüse. Verrühre alles gut mit einem Kochlöffel.
8. Leg erneut den Deckel drauf und warte weitere 5 Minuten.

Kleiner Tipp:

Schmecke mit Kräutersalz und Pfeffer ab. Serviere mit einem Klacks Sauerrahm und etwas klein geschnittener Petersilie. Als Beilage passen Reis oder Petersilkartoffel.

Möchtest du experimentieren?

Verwende verschiedene Pilzsorten. Besonders gut harmonieren Eierschwammerl (Pfifferlinge), Champignon und Steinpilze miteinander.

Wusstest du schon?

Pilze sind empfindlich. Sammelst du sie selber, dann sei vorsichtig mit ihnen.

- Sammle nur die Pilze, die du kannst.
- Lagere sie nicht zu eng aneinander gequetscht. Sie sind druckempfindlich.
- Reinige sie vor dem Verarbeiten gut. Befreie sie von Erdresten. Dann schmecken sie besser!

[39]

Überbackene Bohnen

Für 2 Personen

Kalorienarm und deftig, besonders geeignet für die Winterzeit.

So lange wirst du brauchen:

ungefähr 20 Minuten

[40]

Das brauche ich:

☐ 2 große Stangen Lauch
☐ 1 Dose weiße Bohnen (ca. 500 g)
☐ 1 halbe Packung Speckwürfel
☐ 150 g geriebenen Käse
☐ Oregano, Salz und Pfeffer nach Wunsch

☐ 1 Messer und 1 Schneidbrett
☐ 1 Kochlöffel
☐ 1 (gusseiserne) Pfanne mit Deckel
☐ 2 Topfhandschuhe

So bereite ich zu:

1. Wasche den Lauch und schneide ihn in Streifen.
2. Gib die Speckwürfel in eine Pfanne und brate sie kurz an.
3. Misch die Lauchringe dazu und rühr mit dem Kochlöffel gut um.
4. Öffne die Dose Bohnen und gib das Bohnenwasser beiseite. Schütte die Bohnen in die Pfanne und vermische alles miteinander.
5. Würze mit Salz und Pfeffer.
6. Nimm die Pfanne vom Herd.
7. Verteile den Käse auf dem Pfanneninhalt und streue Oregano darüber.

[41]

8. Gib die Pfanne in das Backrohr bei mittlerer Hitze. Ist der Käse geschmolzen, nimm die Pfanne mit den Topfhandschuhen aus dem Backrohr.

Kleiner Tipp:

Biete als Beilage grünen Salat mit Cocktailtomaten an.

Möchtest du experimentieren?

Ersetze die weißen Bohnen durch dicke Käferbohnen. Ergänze die überbackenen Bohnen mit dünn geschnittenen Paprikastreifen. Ersetze „normalen" Käse durch Feta. Das gibt dem Gericht eine pikante Note.

Wusstest du schon?

Überbacken wird auch „Gratinieren" genannt. Das bedeutet, das fertige Gericht wird in den Backofen geschoben. Dort soll es eine knusprige Kruste bekommen.

Wer dies mag, bestreut die Oberfläche noch mit Semmelbröseln oder gehackten Nüssen.

Besonders beliebt ist das Überbacken mit verschiedenen Käsesorten. Hier geht der Geschmack von würzig und rauchig bis mild und sanft.

Steirisches Gulasch

Für 2-3 Personen

Deftiges, vegetarisches Gericht aus dem Herzen der Steiermark.

So lange wirst du brauchen:

ungefähr 40 Minuten

[43]

Das brauche ich:

- [ ] 500 g Kürbis
- [ ] 150 g Zwiebel
- [ ] 3 Zehen Knoblauch
- [ ] 1 Schuss Essig
- [ ] 1 Esslöffel Tomatenmark
- [ ] 500 ml Gemüsebrühe
- [ ] 1 Teelöffel Kümmel
- [ ] 1 Esslöffel Paprikapulver
- [ ] 2 Esslöffel Öl
- [ ] 250 g Käferbohnen

- [ ] 1 Messer und 1 Schneidbrett
- [ ] 1 Kochtopf
- [ ] 1 Kochlöffel
- [ ] 1 Gabel oder 1 Stricknadel

So bereite ich zu:

1. Schäle den Kürbis. Entferne die Kerne und schneide das Kürbisfleisch in grobe Stücke.
2. Schäle Zwiebel und Knoblauch und würfle beides.
3. Erhitze in einem Kochtopf Öl. Röste darin die Zwiebel und Knoblauchwürfel an.
4. Gib das Tomatenmark dazu und rühre es gut unter.

[44]

5. Streu Paprikapulver und Kümmel drüber. Misch die Kürbisstücke darunter.
6. Gieß mit der Gemüsebrühe und dem Essig auf.
7. Vermenge alles gut miteinander.
8. Rühre öfters um, damit nichts anbrennt.
9. Gib die Käferbohnen dazu, sobald der Kürbis weich genug ist.
10. Lass alles noch einmal kurz aufkochen und zieh den Topf gleich darauf vom Herd.

Kleiner Tipp:

Mit der Gabel oder der Stricknadel kannst du austesten, ob der Kürbis durch ist.

Gib einen Klacks Sauerrahm auf das Gulasch und garniere es mit mehreren Esslöffeln Kürbiskernöl.

Möchtest du experimentieren?

Schneide noch ein Paar Debreziner oder andere deftige Würstelsorten und koche sie mit.

Wusstest du schon?

Die Käferbohne ist großartiger Ersatz für Wurst und Fleisch. Sie heißt auch Prunkbohne, Feuerbohne, Blumenbohne und Schminkbohne und kann bis zu 5 Meter hoch wachsen. Dabei blüht sie feuerrot.

[45]

Linsen mit Karotten

Für 3 Personen

Einfaches Linsengericht, geeignet als Hauptspeise und als Beilage.

So lange wirst du brauchen:

Ungefähr 35 Minuten

[46]

Das brauche ich:

- [ ] 250 g rote, trockene Linsen
- [ ] 3 große Karotten
- [ ] 2 mittelgroße Zwiebel
- [ ] 1 Esslöffel Olivenöl
- [ ] 1 Esslöffel Tomatenmark
- [ ] 3 Knoblauchzehen
- [ ] 1 Lorbeerblatt
- [ ] 350 ml Gemüsebrühe
- [ ] Salz und Pfeffer nach Wunsch
- [ ] 100 ml süße Sahne

- [ ] 1 Messer und 1 Schneidbrett
- [ ] 1 Kochtopf
- [ ] 1 Knoblauchpresse
- [ ] 1 Kochlöffel

So bereite ich zu:

1. Schäle die Zwiebel und würfle sie.
2. Erhitze Olivenöl in einem Kochtopf.
3. Gib die Zwiebelwürfel dazu und röste sie goldgelb an.
4. Schäle den Knoblauch und presse ihn durch die Knoblauchpresse.
5. Rühre die Linsen und das Tomatenmark unter.

[47]

6. Lösch mit der Brühe den Topfinhalt ab. Leg das Lorbeerblatt in den Kochtopf und lass alles gründlich aufkochen.
7. Schalte den Ofen auf niedrigere Temperatur und lass alles für 20 Minuten leicht köcheln.
8. Schäl in dieser Zeit die Karotten und schneide sie in kleine Würfel. Gib sie in den Topf und lass den gesamten Inhalt weitere 15 Minuten lang köcheln.
9. Zieh den Topf vom Herd und schalte ihn aus.
10. Gieß die Sahne dazu und rühr sie gut ein. Fisch das Lorbeerblatt heraus.
11. Schmecke mit Salz und Pfeffer ab.

Kleiner Tipp:

Lass die Karotten etwas knackiger. Das gibt dem Gericht einen leckeren Biss.

Möchtest du experimentieren?

Schneide eine dicke Scheibe Rauchspeck dazu. Er darf viel Fett aufweisen. Serviere in diesem Fall frisches Schwarzbrot dazu.

Wusstest du schon?

Linsengerichte sind vielseitig verwendbar:

[48]

- <u>Indien</u>: pikante Pürees – Dhal, Linsensuppe oder Brotaufstriche
- <u>Mexiko</u>: scharfe Chilis
- <u>Mittelmeerraum</u>: Linsensalate, Suppen oder Pastasaucen

Ursprünglich kommen sie aus Kleinasien. Sie sind günstig und leicht zu bekommen. Früher galten Linsen als „Arme-Leute-Essen" oder „Kaviar des armen Mannes".

Linsen wurden schon in der Jungsteinzeit (von 6200 bis 5300 v. Chr.) gegessen. Bereits im Buch Genesis (das erste Buch der Bibel) steht, dass Esau sein Geburtsrecht für einen Teller Linsen verkaufte.

Linsen sind sehr gesund. Sie beinhalten wichtige Nährstoffe und eignen sich besonders gut für Vegetarier, Veganer und Sportler. Sie beinhalten kein Fett, aber viele Ballaststoffe.

Selbst Aschenputtel hatte bereits mit Linsen zu tun. Ihre Stiefmutter verlangte, dass sie diese aus der Asche holen musste. Danach sollte sie die Linsen sortieren: *"Die Guten ins Töpfchen, die Schlechten ins Kröpfchen."*

Gebratenes Hühnchen

Für 2 Personen

Einfaches, leichtes Gericht für Hühnchenliebhaber.

So lange wirst du brauchen:

ungefähr 20 Minuten

[50]

Das brauche ich:

- [ ] 250 g Hühnerbrustfilet
- [ ] 1 halber Eisbergsalat
- [ ] 100 g Feta
- [ ] 2 große Tomaten oder 6 Cocktailtomaten
- [ ] Grillgewürz und Knoblauchpulver
- [ ] Olivenöl nach Wunsch

- [ ] 1 Messer und 1 Schneidbrett
- [ ] 1 Pfanne mit Deckel
- [ ] 1 Grillzange oder 2 Gabeln

So bereite ich zu:

1. Spüle das Hühnerfilet unter fließendem Wasser gut ab.
2. Würze es mit Grillgewürz und Knoblauchpulver.
3. Erhitze 1 Esslöffel Olivenöl in einer Pfanne.
4. Leg das Filet in die Pfanne und brate es auf beiden Seiten scharf an. Wende es mit einer Grillzange oder 2 Gabeln.
5. Leg den Deckel auf die Pfanne und schalte die niedrigste Hitzestufe ein.
6. Wasche den Salat und die Tomaten. Schneide den Eisbergsalat in dünne Streifen und viertle die Tomaten.
7. Leg Salatstreifen und Tomaten auf die Teller.

[51]

8. Sobald das Hühnerfilet durch ist, leg es über den Salat.
9. Zerbrösle den Feta darüber.
10. Gieß noch ein einige Tropfen Olivenöl über das fertige Essen.

Kleiner Tipp:

Wenn du Hühnerfleisch verarbeitest, achte darauf, es immer gut durchzubraten. Verwende ein anderes Kochbrett zum Schneiden!

Möchtest du experimentieren?

Gib eine kleine Schüssel mit schwarzen und grünen Oliven und Humus als Beilage dazu.

Schneide das Filet in dünne Streifen und mariniere es eine Stunde bevor du es in Öl anbrätst.

Wusstest du schon?

Bewahre Hühnerfleisch immer gekühlt auf. Leg es im Kühlschrank direkt über das Gemüsefach.

Rohes Hühnerfleisch kann Keime beinhalten. Darum sollte es immer durchgekocht oder gebraten werden.

Warme Zucchinipfanne

Für 1 Personen

Leichte Gemüsepfanne im Stil der Mittelmeerküche.

So lange wirst du brauchen:

ungefähr 20 Minuten

[53]

Das brauche ich:

- [ ] 1 mittelgroße Zucchini
- [ ] 2 große Tomaten
- [ ] 100 g Speckwürfel
- [ ] Grillgewürz und Rosmarin nach Wunsch
- [ ] 100 g Feta
- [ ] Olivenöl nach Wunsch

- [ ] 1 Messer und 1 Schneidbrett
- [ ] 1 Pfanne
- [ ] 1 Kochlöffel mit Deckel

So bereite ich zu:

1. Wasche die Tomaten und Zucchini und schneide sie in Scheiben.
2. Erhitze die Pfanne und brate darin die Speckwürfel an.
3. Gib die Zucchini und die Tomaten dazu. Bestreue sie mit Grillgewürz und Rosmarin.
4. Rühre mit dem Kochlöffel gut um.
5. Gib den Deckel drauf und lass den Pfanneninhalt 5 Minuten bei niedriger Temperatur dünsten.
6. Rühr mit dem Kochlöffel um und dünste die Pfanne weitere 5 Minuten.

7. Gib den Inhalt auf einen Teller. Schneide den
    Feta in dünne Scheiben und lege ihn dazu.
    Beträufle alles mit Olivenöl.

Kleiner Tipp:

Biete als Beilage frisches Weißbrot und einen Becher
Milch an.

Möchtest du experimentieren?

Ersetze die Speckwürfel durch Räuchertofu. Schneide
diesen in Würfel und brate ihn in Olivenöl an.

Wusstest du schon?

Zucchini sind mit den Kürbissen verwandt. Er kommt aus
Mittelamerika und wird dort schon seit Tausenden
Jahren angebaut.

Sie lassen sich gut in kühlen Räumen oder im
Gemüsefach des Kühlschrankes lagern. Liegen Tomaten
oder Äpfel in der Nähe, dann werden Zucchini rasch
welk und schmecken nicht mehr so gut.

Räuchertofu auf Ei

Für 1 Personen

Magenschonend und leicht verdaulich – geeignet für vergrippte und erkältete Personen.

So lange wirst du brauchen:

ungefähr 15 Minuten

[56]

Das brauche ich:

- 3 frische Eier
- 2 Tomaten
- 1 Packung Räuchertofu (200 g)
- 100 g Lauch
- Schnittlauch nach Wunsch
- Olivenöl nach Wunsch

- 1 Messer und 1 Schneidbrett
- 1 kleine Schüssel und 1 Gabel
- 1 Pfanne
- 1 Kochlöffel

So bereite ich zu:

1. Wasche die Tomaten, den Lauch und den Schnittlauch. Schneide alles klein.
2. Nimm den Tofu aus der Packung und würfle ihn.
3. Schlag die Eier in die kleine Schüssel und verquirle sie mit der Gabel.
4. Träufle einige Tropfen Olivenöl in die Pfanne und erhitze sie.
5. Gib den Tofu dazu und röste ihn auf allen Seiten an. Rühre mit dem Kochlöffel um. Schütte den Lauch dazu und röste ihn für 5 Minuten mit.
6. Schaufle mit dem Kochlöffel die Tofu/Lauchmischung auf eine Hälfte des Tellers.

[57]

7. Leer die Eiermischung in die Pfanne und braten sie dort an. Rühr mit dem Kochlöffel um, damit du Rührei bekommst.
8. Füg die Tomaten dazu und brate sie kurz an. Sie dürfen knackiger bleiben.
9. Gib den Pfanneninhalt auf die zweite Hälfte des Tellers.
10. Bestreu beide Mischungen mit Schnittlauch nach Wunsch.

Kleiner Tipp:

Serviere dazu Kamillentee und Zwieback.

Möchtest du experimentieren?

Magst du es pikanter, dann schneide frischen Basilikum, Oregano und Rosmarin klein. Brate die Kräuter mit. Würze mit Kräutersalz und Pfeffer.

Wusstest du schon?

Manchmal schlägt die Grippe oder eine andere Krankheit kräftig zu. Oft gibt es dann deftige Hühnersuppe, Medikamente und Bettruhe.

Krankenkost kann auch gut schmecken. Dazu eignen sich beispielsweise Bananen, Haferbrei oder leichte und kaum gewürzte Speisen.

Gebratene Karotten

Für 2 Personen

Karotten einmal anders – ganz im Stil amerikanischer Ureinwohner.

So lange wirst du brauchen:

ungefähr 30 Minuten

[59]

Das brauche ich:

- [ ] 1 kg Karotten
- [ ] 100 g Margarine
- [ ] 1 Esslöffel Zucker
- [ ] 120 ml Orangensaft
- [ ] Petersilie nach Wunsch

- [ ] 1 Messer und 1 Schneidbrett
- [ ] 1 Pfanne
- [ ] 1 Kochlöffel

So bereite ich zu:

1. Schäle und schneide die Karotten in dünne Scheiben.
2. Zerlasse die Margarine in einer Pfanne und gib Karotten und Zucker dazu. Misch sie gut durch.
3. Rühre mehrmals um.
4. Gib den Orangensaft dazu und lass die Karotten 10 Minuten garen.
5. Sie sollten noch leicht knackig sein, bevor du sie aus der Pfanne holst.
6. Schneide in der Zwischenzeit die Petersilie klein.
7. Gib die Karotten auf Teller und streu die Petersilie darüber.

Kleiner Tipp:

Hier passen auch andere, zusätzliche Kräuter gut dazu.
Mische sie unter oder streue sie drüber.

Möchtest du experimentieren?

Lass den Orangensaft weg und brate die Karotten ohne
ihn an. Würze dafür mit Cayennepfeffer.

Wusstest du schon?

Dieses Rezept stammt von den Pueblo.

Sie leben im Norden Mexikos, Arizona und bis hinauf
zum Rio Grande. Einst gab es um die 90 Dörfer, heute
sind es kaum mehr als ein Drittel.

Unter ihnen gab es hervorragende Handwerker. Dafür
nutzten sie viele natürliche Materialien wie Holz,
Knochen oder Steine. Korbflechten und Töpferei brachte
Meistwerke an Bemalungen und verschiedensten
Motiven mit sich.
Von ihnen hergestellter Schmuck gelangte durch
Tauschhandel bis weit in das Landesinnere. Bis heute
gehören ihre Erzeugnisse zu den besonders
Hochwertigen Produkten der Handwerkskunst
überhaupt.

Karotten-Fenchel-Salat

Für 4 Personen

Knackig, frischer Salat – nicht nur für den Rohkostfan!

So lange wirst du brauchen:

ungefähr 15 Minuten

[62]

Das brauche ich:

- 300 g Karotten
- 300 g Fenchel
- 300 g Selleriestangen
- 5 Esslöffel Olivenöl
- Je 1 Prise Salz und Pfeffer
- 3 Esslöffel Salatkräutermischung aus dem Glas
- 250 ml Wasser

- 1 Sparschäler
- 1 Messer und 1 Schneidbrett
- 1 Salatschüssel
- 1 kleine Schüssel
- 1 kleine Gabel

So bereite ich zu:

1. Wasche Karotten, Fenchel und Selleriestangen gründlich.
2. Schäle die Karotten mit dem Sparschäler.
3. Schneide die Enden der Fenchelknolle ab. Entferne die äußeren Blätter und halbiere die Knolle.
4. Entferne den Boden der Selleriestangen und schäle sie. Das ist wichtig, damit du keine harten Fasern im Salat hast.

[63]

5. Schneide Karotten, Fenchel und Selleriestangen in dünne Scheiben von höchsten 3 bis 5 cm Länge. Mit dem Sparschäler bekommst du sie dünner als mit dem Messer.
6. Vermische Wasser, Olivenöl, Salz, Pfeffer und die Salatkräutermischung in der kleinen Schüssel. Vermenge alles gut mit der Gabel.
7. Gieß dieses Dressing über die geschnittenen Gemüsestücke und vermische alles.

Kleiner Tipp:

Für Salate eignen sich die unteren, weicheren Teile der Selleriestangen. Verwende den Sparschäler, damit hast du weniger Abfall.

Möchtest du experimentieren?

Mische zu diesen Materialien noch anderes Wurzelgemüse. Schneide Kräuter wie Dille oder Petersilie klein und streue sie über den Salat. Geröstete Brotwürfel geben dem Salat zusätzlichen Kick.

Wusstest du schon?

Fenchel erinnert an Anis. Hoher Vitamingehalt und wertvolle Mineralstoffe machen ihn sehr gesund. Zudem binden Stoffe im Fenchel Giftstoffe und Fett, bevor es sich am Bauch ansetzen kann.

Griechischer Salat

Für 2 Personen

Leichter Salat für den Sommergenuss.

So lange wirst du brauchen:

ungefähr 10 Minuten

[65]

Das brauche ich:

- 1 reife Avocado
- 2 große Tomaten
- 200 g Feta
- 1 Eisbergsalat
- Olivenöl nach Wunsch
- Oliven nach Wunsch

- 1 Messer und 1 Schneidbrett

So bereite ich zu:

1. Wasche die Tomaten und den Salat.
2. Schäle die Avocado.
3. Schneide Salat, Tomaten und Avocado klein.
4. Lege zuerst die Salatstreifen auf die Teller.
5. Verstreue die Oliven über die Streifen.
6. Zerbrösle den Feta in die Mitte des Tellers.
7. Drapiere die Tomaten am Rand und die Avocadostücke auf den Feta.
8. Übergieße alles mit mindestens 4 Esslöffeln Olivenöl.

Kleiner Tipp:

Biete frisches Gebäck nach Wahl als Beilage an.

Sofern du die Möglichkeit hast, kaufe das Olivenöl in einem griechischen Laden. Das Öl ist zwar teurer, aber schmeckt sehr viel besser als das aus dem gewöhnlichen Supermarkt.

Möchtest du experimentieren?

Erweitere den griechischen Salat auf eine griechische Vorspeisenplatte. Dazu gehören beispielsweise gefüllte Weinblätter, Tzatziki oder Linsensalat.

Wusstest du schon?

Die griechische Küche gilt allgemein als ziemlich fleischlastig. Dabei hat sie sehr viel mehr zu bieten. Besonders die Mezzedes (griechische Vorspeisen), sind für Vegetarier und Veganer sehr geeignet.

Die meisten dieser kleinen Gerichte eignen sich auch als Fingerfood für eine Party.

Diese sind so beliebt, dass es eigene Lokale gibt, die nur diese Vorspeisen anbieten – die Mezedopoleio. Zu einem Getränk bekommt der Gast dort mehrere kleine Teller mit verschiedenen Häppchen. Hungrig sollte man dort lieber nicht hingehen!

<u>*Birnenkompott*</u>

Für 1 Personen

Klassiker der „haltbaren" Küchenrezepte. Früher war es eine der wenigen Möglichkeit auch im Winter süße Früchte zu genießen.

<u>*So lange wirst du brauchen:*</u>

ungefähr 30 Minuten

[68]

Das brauche ich:

☐ 3 kleine Birnen
☐ Wasser nach Bedarf
☐ 4 Esslöffel Zucker
☐ Preiselbeermarmelade nach Wunsch

☐ 1 Messer und 1 Schneidbrett
☐ 1 Kochtopf
☐ 2 Gabeln

So bereite ich zu:

1. Schäle die Birnen und schneide sie in der Mitte durch. Entferne die Kerne.
2. Leg die Birnen in einen kleineren Kochtopf.
3. Gib ausreichend Wasser dazu, bis die Birnenhälften bedeckt sind.
4. Bring das Wasser zum Kochen und rühre anschließend den Zucker ein.
5. Nach etwa 15 Minuten sollten die Birnen durch sein. Stich mit einer Gabel in eine der Birnen. Kommst du leicht durch, dann kannst du sie aus dem Wasser nehmen. Achte darauf, dich vor dem heißen Wasser zu schützen!
6. Lege sie auf einen Teller und gib in jede der Hälften noch einen Klacks Marmelade.

[69]

Kleiner Tipp:

Willst du Zeit sparen, dann erhitze das Wasser vorher in einem Wasserkocher und gieße es anschließend zu den Birnen in den Kochtopf.

Möchtest du experimentieren?

Statt Birnen bieten sich auch Äpfel oder Zwetschken gut an. Teste aus, welche Marmeladesorten am Besten passen.

Wusstest du schon?

Kompott passt für fast alles. Es schmeckt als Dessert, zu Fleisch und zu süßen Gerichten. Besonders zu Wildfleisch harmoniert es sehr gut.

Frühere Generationen nutzten Kompott zur Haltbarmachung. Mit Zimt und Vanille lassen sich Kompotte verfeinern. Kochst du Natron mit, dann verringert sich auch die Fruchtsäure.

Statt Kompott lassen sich Früchte auch als Marmelade haltbar machen. Diese beinhalten aber viel mehr Zucker. Auch Dörrobst ist eine Möglichkeit. Dabei wird Flüssigkeit entzogen und heute kannst du es im Süßigkeitenregal kaufen – oder selber machen.

Bananenpüree mit Mandarine

Für 1 Personen

Süßes Dessert für den kleinen „Gusto" auf eine Nascherei.

So lange wirst du brauchen:

ungefähr 15 Minuten

[71]

Das brauche ich:

- [ ] 1 reife Banane
- [ ] 2 Mandarinen
- [ ] Granatapfelkerne nach Wunsch
- [ ] Zimt und Zucker nach Wunsch

- [ ] 1 hohen Becher
- [ ] 1 Saftpresse
- [ ] 1 Pürierstab oder Mixer

So bereite ich zu:

1. Schäle die Banane und zerdrücke sie.
2. Schäle die Mandarinen und presse ihren Saft aus. Dazu eignet sich eine Saftpresse.
3. Gib alles in einen Mixer und püriere die Masse gut durch. Oder verwende dazu einen Pürierstab.
4. Rühre Zimt und Zucker ein.
5. Gib die fertige Masse in Teller und streue Granatapfelkerne nach Wunsch darüber.

Kleiner Tipp:

Serviere 1 Glas Mangosaft dazu und gib noch einige Stücke Mandarinen in das Fruchtpürree.

Möchtest du experimentieren?

Mische noch etwas Orangensaft darunter. Achte darauf, dass die Masse nicht zu flüssig wird.

Alternativ kannst du einen Fruchtsaft daraus machen, wenn du weniger Banane dazu nimmst.

Wusstest du schon?

Ausgepresste Mandarinen lassen sich wie Orangensaft wunderbar zu anderen Speisen einmischen. Besonders gut eignen sie sich für Desserts und süße Gerichte.

Mandarinen haben von allen Zitrusfrüchten den süßesten Geschmack. Beliebter als Mandarinen sind Clementinen. Diese enthalten weniger Kerne, weniger Zucker und weniger Säure als Mandarinen. Bis zu 2 Monaten können sie lagern ohne zu verderben. Mandarinen hingegen verderben viel schneller.

Einerseits schmecken sie gut, andererseits sind sie Vitaminbombe und Muntermacher in einem.

Ursprünglich stammen sie aus Asien. Erst 1805 kam sie nach Europa und erhielt den Namen „Kantoner Apfelsine".

Kobolddrink

Für 4 Person

Ein Getränk für alle Märchenfreunde.

So lange wirst du brauchen:

ungefähr 4 Minuten

[74]

Das brauche ich:

- [ ] 6 frische Eier
- [ ] 1 Liter Milch
- [ ] 4 Esslöffel Zucker
- [ ] 1 Teelöffel Vanillezucker
- [ ] Eine Prise Muskatnuss
- [ ] Rumaroma

- [ ] 1 hoher Behälter
- [ ] 1 Mixer

So bereite ich zu:

1. Schlag die Eier in einen hohen Behälter.
2. Gib Zucker, Vanillezucker und das Rumaroma dazu.
3. Mixe alles mit dem Mixer gut durch. Dafür reicht die niedrigste Stufe komplett aus!
4. Gib die Milch dazu und mixe noch einmal gut durch.
5. Teile auf die Gläser auf und bestreue es mit etwas Muskatnuss.

Kleiner Tipp:

Lass den Drink für einen Tag im Kühlschrank stehen. Dann schmeckt er runder und in sich harmonischer.

Bevor du ihn servierst, streue noch einen Hauch Zimt drüber.

Achte darauf, hier ausschließlich frische Eier zu verwenden! Sie sollten möglichst frisch gekauft sein und keinesfalls zu lange im Kühlschrank gelegen sein.

Möchtest du experimentieren?

Rum verfügt über eine leicht süßliche Note in diesem Zusammenhang. Statt Rumaroma kannst du auch Ahornsirup verwenden. Nimm nicht zu viel!

Färbe den Kobolddrink mit grüner Lebensmittelfarbe und du bist für den „St. Patrick's Day" gut vorbereitet.

Wusstest du schon?

Kobolde gelten als gesellige, kleine Wesen, die gern in Gruppen zusammenleben. Manche sagen, sie hüten einen Schatz am Ende eines Regenbogens.

Manche Kulturen stellen Kobolden etwas zu Essen hin, bevor sie schlafen gehen. Das soll Glück bringen.

Am 17. März feiern Iren, Amerikaner und andere Völker den „St. Patrick's Day". Es gibt Paraden und Festivals. Dann ist alles grün. Selbst Flüsse werden mit Lebensmittelfarbe für diesen Tag eingefärbt. Viele verkleiden sich auch als Kobolde und feiern den Tag.

Kakao - American Style

Für 1 Person

Besser als Instantkakao und jederzeit zur Verfügung.

So lange wirst du brauchen:

ungefähr 12 Minuten

[77]

Das brauche ich:

- [ ] 600 Milchpulver
- [ ] 300 g Puderzucker
- [ ] 125 g Kakaopulver
- [ ] 80 g Kaffeeweißer (Pulver)
- [ ] 2 Teelöffel Zimt
- [ ] Mini - Marshmallow nach Wunsch
- [ ] 250 ml heißes Wasser

- [ ] 1 großes, sauberes, leeres Gurkenglas
- [ ] 1 Becher
- [ ] 1 Esslöffel
- [ ] 1 Teelöffel

So bereite ich zu:

1. Gib Milchpulver, Puderzucker, Kakaopulver, Kaffeeweißer und Zimt in das Gurkenglas.
2. Schüttle die Zutaten kräftig durch.
3. Gib 2 gehäufte Esslöffel dieses Pulvers in einen Becher.
4. Füll mit dem heißen Wasser auf. Rühr gut um.
5. Streue die Marshmallow auf den Kakao.

Kleiner Tipp:

Sprüh über den Kakao noch Schlagsahne aus der Sprühdose und bestreu alles mit Kakaostreuseln.

[78]

Die Mischung reicht für viele Becher Kakao. Heb sie gut und an einem trockenen Ort auf.

Möchtest du experimentieren?

Magst du lieber Milch statt Wasser, dann lass den Kaffeeweißer weg.

Wusstest du schon?

Bis ins 15. Jahrhundert dienten Kakaobohnen als Zahlungsmittel in Mittelamerika. Bei Maya und Azteken war Kakao als Getränk den Priestern und Adligen vorbehalten.

Damals wurde er ungesüßt getrunken. Dafür kamen verschiedene Gewürze, Kräuter und Getreidesorten dazu. Spanische Mönche brachten Kakao nach Europa. Keiner mochte die Bohnen. Erst mit Hilfe von Rohrzucker begannen ihn die Spanier zu lieben. Zu Beginn des 17. Jahrhunderts kam die „Trinkschokolade" nach Deutschland und in die Niederlande.

Knapp 200 Jahre später ließ sich der Kakaoboom nicht mehr aufhalten.

Meine Lieblingsrezepte

Diese Seite ist für dich gedacht. Notiere dir hier, welche Gerichte du schon probiert hast und was dir daran schmeckt. Darauf aufbauend, kannst du jederzeit dein eigenes Kochbuch erschaffen!

Rezept:
Name:

Ich mag es, weil:

Rezept:
Name:

Ich mag es, weil:

Nachwort

Nimm ein leeres Heft oder Büchlein. Trag darin alles ein, was dir an einem Rezept schmeckt und wie du es zubereitest.

Manche mögen weniger kochen – lieben es dafür jedoch zu backen. Andere wiederum können den Kochlöffel gar nicht mehr aus der Hand legen.

- Was hast du an dir bei deinen bisherigen Kochereien festgestellt?
- Was ist dir besonders wichtig geworden?
- Welche Punkte machen dir im Moment noch Schwierigkeiten?
- Womit kommst du besonders gut zurecht?
- Magst du es deinen Freunden und deiner Familie etwas Großartiges zu servieren oder liegt dir mehr das Experimentieren?

Die nächsten Bände werden dir dabei helfen typische Anfänger"probleme" zu erkennen.

Bleib also am Ball – und halte den Kochlöffel weiterhin bereit!

Mahlzeit!

[81]

Weitere Kochbücher der Autorin

erschienen im Verlag „Books on Demand"

Kleine Küchenfee: Einfache Rezepte für Kids zum Selbermachen

ISBN: 978-3744830638

Kleine Küchenfee 2: Einfache Rezepte für Kids zum Selbermachen

ISBN: 978-3848231546

> *Soldierfood Europa: Was der gemeine Soldat auf den Teller bekam! Rezepte inklusive!*
>   o **ISBN:** 9783744809917
> *Kulinarisches aus Wald und Flur:*
>   *Rezepte für Waldläufer, Survivalisten und Outdoorfans*
>   o **ISBN:** 9783743190764
> *Rezepte einer Küchenmagd:*
>   *Rezepte für LARPs und andere Events*
>   o **ISBN:** 9783739210513

[82]